Perspectieven op
Artificiële Intelligentie

Dr. F.D.J. Grotenhuis

Colofon
Perspectieven op Artificiële Intelligentie
© 2019 F.D.J. Grotenhuis

Tekst - F.D.J. Grotenhuis
Vormgeving - Op de Millimeter
Fotomateriaal - 123RF
Uitgever - Lulu.com

E. frits@grotenhuisadviseert.nl
I. www.grotenhuisadviseert.nl

Eerste druk, januari 2019
ISBN 978-0-244-73590-6

INHOUDSOPGAVE

INTRODUCTIE

Artificiële intelligentie (AI): iedereen heeft het erover, maar er bestaat nog veel onduidelijkheid over wat AI betekent en vooral ook wat voor invloed AI zal gaan hebben op onze maatschappij. Wanneer je tien mensen vraagt AI te beschrijven, dan krijg je waarschijnlijk ook tien verschillende antwoorden. Dit lijkt sterk op de parabel *Feeling the elephant*, waarbij verschillende blinde mannen elk een ander deel waarnemen van hetzelfde dier.

FEELING THE ELEPHANT...
"The parable of the blind men and an elephant originated in the ancient Indian subcontinent, from where it has been widely diffused. However the meaning of the popular proverb differs in other countries. It is a story of a group of blind men, who have never come across an elephant before and who learn and conceptualize what the elephant is like by touching it. Each blind man feels a different part of the elephant's body, but only one part, such as the side or the tusk. They then describe the elephant based on their limited experience and their descriptions of the elephant are different from each other. In some versions, they come to suspect that the other person is dishonest and they come to blows. The moral of the parable is that humans have a tendency to claim absolute truth based on their limited, subjective experience as they ignore other people's limited, subjective experiences which may be equally true."[1]

In dit essay worden verschillende perspectieven op AI gegeven. Het essay is gebaseerd op eerdere blogs en artikelen over AI van dezelfde auteur, welke zijn gepubliceerd op de website www.grotenhuisadviseert.nl. *Perspectieven op Artificiële Intelligentie* is als essay te lezen, maar de verschillende bijdragen en perspectieven op AI kunnen ook goed op zichzelf staand worden gelezen.

DEEL I

BIG DATA ALS GRONDSTOF

In deel een wordt een 'wake-up call' gegeven over de relevantie van en de impact die artificiële intelligentie zal gaan hebben over de volle breedte van onze maatschappij. Big data is daarbij het nieuwe goud, zoals wordt geïllustreerd aan de hand van de grote internetgiganten. Sommige bedrijven, zoals Facebook, bestonden vijftien jaar geleden nog niet eens, maar behoren nu tot de top vijf van grootste bedrijven gemeten naar beurswaarde.

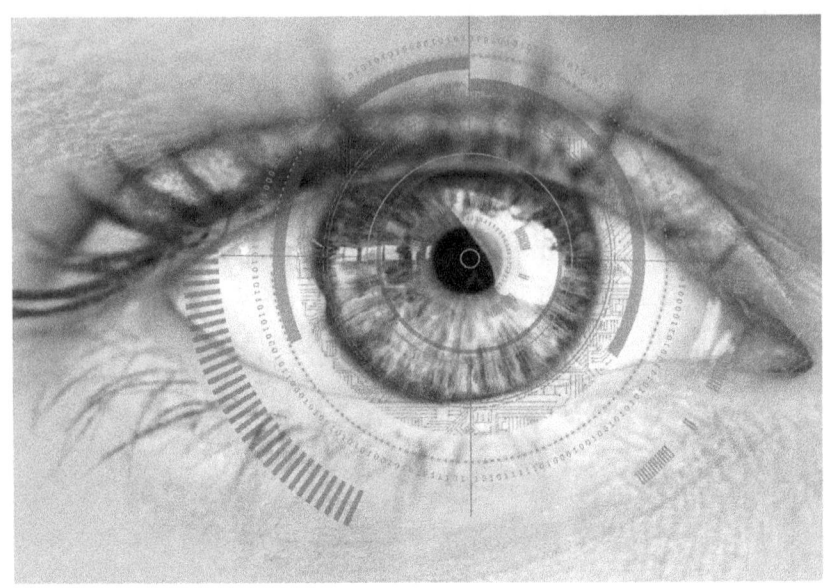

Artificiële intelligentie: hoop of hype?

Artificiële intelligentie (AI) is in. Je kunt geen krant openslaan of je wordt hier direct of indirect mee geconfronteerd. Direct bijvoorbeeld met de schaakwedstrijd tussen de grootmeester Kasparov en de computer Deep Blue uit 1997, alweer enkele decennia geleden. Indirect is AI bijvoorbeeld zichtbaar in de toepassing van virtual reality oplossingen bij cognitieve gedrags- therapie door het bedrijf CleVR[2].

AI is een enorme game changer. PricewaterhouseCoopers voor- spelt dat het wereldwijde bruto nationaal product tot 14% hoger zal zijn in 2030, als gevolg van de versnelde ontwikkeling en toepassing van AI - het equivalent van US$15.7 triljoen! Enerzijds zal er sprake zijn van baanverlies, anderzijds zullen er ook veel nieuwe banen bijkomen. AI toepassingen zijn schier oneindig: van gezondheidszorg tot transport en van energie tot retail[3].

Generieke en specifieke AI

Enkele tientallen jaren geleden werd onder AI met name de steeds groter wordende computerkracht bedoeld die de menselijke capaciteit te boven gaat, zoals de schaakcomputer Deep Blue in 1997 of recenter in 2016 dat de GO kampioen Lee Se-dol werd verslagen door een computer. Dit wordt ook wel specifieke AI genoemd, net als dat je een computer prima VWO eindexamen wiskunde of zelfs Frans kunt laten maken door maar voldoende oude examens in te voeren.

Echter, een computer kan nog lang niet goed omgaan met de emotionele kant van de mens. Denk aan het schoolplein in de pauze waar veel informele omgangsvormen gelden tussen kinderen van een klas, als voorbeeld van meer generieke AI. Computers kunnen wel gezichten en steeds beter emoties herkennen, maar interactie tussen mensen nabootsen in complexe situaties is nog een brug te ver.

Desalniettemin gaan de ontwikkelingen razendsnel en wordt inmiddels door veel bedrijven, maar ook overheden, geïnvesteerd in AI. Zoals de Russische president Vladimir Poetin het verwoordde: *"...het land met de beste kunstmatige intelligentie wordt wereldheerser"*[4]. Sinds de inmenging in de Amerikaanse verkiezingen en de onthullingen rond Facebook en Cambridge Analytica wordt dit besef steeds breder gedeeld.

> **WAKE-UP CALL**[5]
> ...*"Er is een digitale revolutie gaande die de gehele maatschappij onderste boven zet...*
> ...*Voortschrijdende automatisering, kunstmatige intelligentie en data-wetenschap dringen juist door in de zorg, onderwijs, de typische alfa domeinen...*
> ...*Een sterk onderschatte trend is dat alle organisaties naarstig naar technici, ICT'ers en bètageschoolden zoeken...*

...Landen zoals Frankrijk en Duitsland investeren miljarden in artificiële intelligentie en automatisering. Dat bedreigt het excellente Nederlandse investeringsklimaat".

Big data als grondstof voor AI

Artificiële intelligentie wordt gevoed door big data. Big data vormen feitelijk de grondstof voor AI in allerhande toepassingen die steeds efficiënter en effectiever worden. Dit is zichtbaar in zogenaamde beschrijvende data (descriptive analytics), voorspellende data (predictive analytics), alsmede voorschrijvende data (prescriptive analytics). De film *'Minority Report'* is zo'n voorbeeld waar op basis van prescriptive analytics op voorhand al wordt ingegrepen.

De afgelopen jaren zijn in Nederland diverse data science centers ontstaan op regionaal niveau, zoals in Den Bosch, Leiden, Amsterdam en Delft. Op 26 april 2018 heeft de UvA een nationaal Innovation Center for Artificial Intelligence (ICAI) gelanceerd[6]. Waar China en de VS reeds miljarden investeren hebben diverse Europese landen, zoals Engeland en Frankrijk, ook aangekondigd grote AI programma's op te zetten. Ook de Europese Commissie heeft recent (25 april 2018) een reeks maatregelen gepresenteerd om investeringen in AI te stimuleren en ethische richtsnoeren vast te stellen[7].

Concluderend, AI is zowel een hype als een hoopvolle belofte. De uitdaging voor de komende jaren is de belofte waar te maken, maar wel op een gecontroleerde manier waarbij de duistere kant van AI afdoende wordt ingeperkt. Het ontwerp van AI in producten en diensten, en daarmee de menselijke inbreng, is cruciaal.

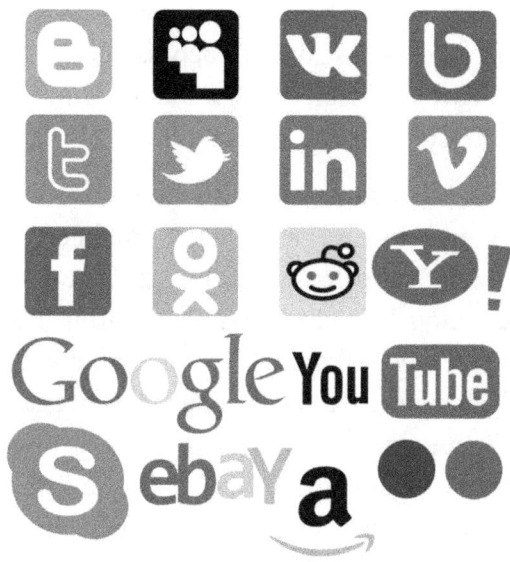

De Vier en de macht van big data

Scott Galloway bracht in 2017 het boek 'De Vier'[8] uit over het verborgen DNA van Amazon, Facebook, Google en Apple. Deze vier behoren in termen van beurswaarde vandaag de dag tot de grootste bedrijven ter wereld. In augustus 2018 is de marktwaarde van Apple meer dan een biljoen dollar, het bedrijf wordt een maand later gevolgd door Amazon[9]. In oktober heeft Microsoft Amazon echter alweer ingehaald[10] en nog een maand later is de koers van Apple teruggevallen tot onder de biljoen dollar[11].

Tien jaar geleden stonden er vooral energiebedrijven en banken in de top van tien grootste bedrijven. Slechts veertien jaar geleden, in 2004, werd Facebook opgericht; in datzelfde jaar ging Google naar de beurs. Het is een duidelijke trend: internetbedrijven worden steeds groter en machtiger. De grootste verklaring hierachter is de waarde van het nieuwe goud wat geen olie is, als brandstof voor energiebedrijven, maar big data voor internetbedrijven. Hoe groter de datasets, hoe beter algoritmen kunnen worden doorontwikkeld in een breed scala van toepassingen. Daarnaast maken deze bedrijven gebruik van een slim internetplatform met een sterke infrastructuur.

Door de grote hoeveelheden big data worden algoritmen steeds beter en daarmee ook de toepassingen van artificiële intelligentie. Dit type technologiebedrijven heeft dan ook een grote voorsprong genomen op andere mogelijke concurrenten. Daarbij gaat al snel het principe van 'the winner takes it all' op omdat het voor nieuwe markttoetreders nagenoeg niet (meer) mogelijk is het gat, dat steeds groter wordt, dicht te lopen. Dit mechanisme zagen we begin jaren negentig opgaan voor zoekmachines (zoals AltaVista, die door Google zijn ingehaald), maar ook taxidiensten (zoals Uber), overnachtingen (zoals Airbnb) of Marktplaats. Hier ligt een belangrijke rol voor overheden om te reguleren.

De spagaat van overheden
Voor overheden is het soms balanceren tussen een aantrekkelijk vestigingsklimaat creëren (zoals een gunstig fiscaal klimaat) voor het bedrijfsleven en het ervoor waken dat bedrijven die steeds machtiger worden andere bedrijven uit de markt drukken en richting een monopoliepositie bewegen. Zo is pas recent de EU wakker geworden en heeft boetes opgelegd aan grote marktpartijen zoals Google en Facebook.

Mark Zuckerberg, CEO Facebook, heeft zogenaamde 'hearings' gehad in de VS met Senatoren alsmede in Europa met leden van het Europees Parlement. In beide sessies kwam hij gemakkelijk weg met het uitleggen aan (vaak veel oudere) senatoren, respectievelijk parlementariërs, over hoe het Internet werkt en de wat basisprincipes achter Facebook zijn.

In Nederland is inmiddels een alternatieve tegenbeweging ontstaan; Alliantie Allai[12] wil voorkomen dat bedrijven algoritmen alleen gebruiken voor commerciële doeleinden. Denk aan het bepalen van de prijs voor een taxirit, hotelkamer of vlucht. Naast de discussie over oneerlijke concurrentie hebben deze grote internetbedrijven ook andersoortige macht. Bedrijven zoals Apple hebben een zodanig grote oorlogskas dat ze zonder externe financiering andere grote marktpartijen kunnen opslokken.

Een andere vorm van macht en invloed gaat over het eigenaarschap van al deze data. Met de mogelijkheden de steeds groter groeiende datasets te (re-)combineren ontstaat steeds meer waarde die deze internetgiganten creëren. Ook hier weer is het zoeken naar een legitieme rol voor de overheid. In China pakt de overheid een sterke rol, zoals bij Tencent waar nieuwe releases van games worden tegengehouden[13], of bij de Chinese zoekmachine Baidu (als tegenhanger van Google) waar censuurmaatregelen zonder morren worden overgenomen.

Tot slot hebben deze grote internetbedrijven veel macht naar consumenten toe: De Vier weten steeds beter wat consumenten willen (persoonlijke voorkeuren) en daarmee zijn consumenten steeds beter te beïnvloeden ('Mensen die dit boek aanschaften kopen ook vaak...'). De schaduwkant moge helder zijn: op basis van een paar honderd Facebookberichten kunnen algoritmen al voorspellen wat voor type mens je bent, hoe het met je gezondheid gaat, of je veel 'echte' vrienden hebt en zelfs of een aankomende wijziging in je relatiestatus te verwachten is[14] ...

Verschillen en gelijkenissen
Amazon, als online retail platform, is een toonbeeld van logistieke perfectie, waarbij op basis van big data kan worden voorspeld hoeveel van welke (courante) artikelen in welke regio's

zal worden besteld. Hiermee worden veel kosten bespaard en worden goederen al tijdig verplaatst naar distributiecentra. Dit levert een prijsvoordeel op alsmede een voordeel in tijd (wie kan het snelst leveren) en daarmee een ijzersterke concurrentiepositie.

Apple heeft een beperkt marktaandeel, maar door een hoge prijsstrategie weet dit bedrijf toch marktleider te zijn in termen van omzet. Apple weet de snaren van begeerte en hebzucht zeer goed te bespelen bij consumenten. Door tegendraads en tegen alle adviezen in juist fysieke flagship stores in grote steden neer te zetten heeft men een luxe merk weten te creëren. Uiteraard kan dit alleen door hoogwaardige technologie in combinatie met een prachtig ontwerp. De grote voorsprong nam Apple met de i-tunesstore als internetwinkel met een kwalitatief en kwantitatief sterk aanbod.

Facebook is de eerste geweest die een wereldwijd sociaal netwerk heeft weten te ontwikkelen. Met de enorme datasets en slimme algoritmen weet men de consument te verleiden steeds meer data prijs te geven. Ontstaan als studentenhobby op Harvard is Facebook nu een bron die wereldwijd wordt gebruikt, maar ook wordt geraadpleegd voor het laatste nieuws. De representatie van nieuws (eerste item meer 'links' of 'rechts' georiënteerd) kan bepalend zijn op bijvoorbeeld de dag van belangrijke verkiezingen. Het misbruik van tientallen miljoenen Facebook gebruikers[15] door Cambridge Analytica (met micro-targeting) heeft zijn weerslag gehad op de uitslag van de Amerikaanse verkiezingen.

Ook Google is exemplarisch in enerzijds een slimme zoekmachine ontwikkelen, en anderzijds vooral ook op basis van superieure kwaliteit snel en accuraat resultaten te kunnen tonen. Deep learning technologie maakt dat de zoekresultaten steeds meer gepersonaliseerd worden, nog los van de vraag of dat wenselijk is. Google heeft inmiddels zoveel data tot haar beschikking dat ook het ontstaan van griepgolven, of andere regionale of wereldwijde ontwikkelingen, met angstaanjagende precisie kan worden geduid[16].

Naast De Vier wordt hier tevens Microsoft kort uitgewerkt omdat dit bedrijf in november 2018 ook de biljoen dollar grens is gepasseerd op de beurs. Microsoft werd in 1975 opgericht door Bill Gates en Paul Allen en is vandaag de dag het grootste software bedrijf ter wereld, dat *"computergerelateerde producten ontwikkelt, verspreidt, licenseert en ondersteunt"*, aldus Wikipedia. Met Windows en Office als basis, in combinatie met een sterke marketing strategie, is dit bedrijf groot geworden. De neutrale cloudservice Azure moet het bedrijf de komende jaren concurrerend laten zijn ten opzichte van Google en Amazon[17].

Deze internetgiganten hebben behoorlijk verschillende achtergronden, maar weten allemaal een strategisch voordeel te creëren op basis van een internetplatform waarbij al snel het 'the winner takes it all' principe opgaat. Door een voorsprong met big data is het bijna ondoenlijk een betere of vergelijkbare versie te ontwikkelen.

Nieuwe toetreders
Naast De Vier zijn er andere minstens zo interessante internetbedrijven die ook hard groeien en potentie hebben een 'vijfde ruiter' te worden, zoals Galloway dit type bedrijven duidt. In de VS zijn dat bedrijven zoals Microsoft, die eind oktober 2018 reeds Amazon inhaalde, maar in potentie ook bedrijven als Walmart of IBM. In China zijn dat bedrijven zoals Alibaba die hard op weg zijn de Europese markt te veroveren[18].

Zoals de tijd leert kan er veel gebeuren en overzien we nu een-
voudigweg nog niet hoe het speelveld er over 15 jaar uitziet.
Google en Facebook waren 15 jaar geleden nog totaal onbekend.
Zo ook zullen de komende jaren nieuwe bedrijven ontstaan die
zich ontpoppen tot marktspelers van betekenis. Een ding lijkt wel
vast te staan: artificiële intelligentie zal het fundament vormen
voor nieuwe toetreders.

DEEL II

VAN ONDERZOEK NAAR TOEPASSING

In deel twee wordt nader ingegaan op het belang van een sterke kennisbasis rond artificiële intelligentie om mee te kunnen komen in de vaart der volkeren. Investeringen in Nederland en Europa blijven vooralsnog ver achter. Tevens wordt artificiële intelligentie verder uitgediept naar thema's en denkbare toepassingen van zorg tot mobiliteit en van veiligheid tot journalistiek.

Publiek-private samenwerking in onderzoek

Achtergrond

De Nederlandse ICT gemeenschap is lang versnipperd geweest. Met het ontstaan in 2004 van het landelijke regieorgaan voor ICT-onderzoek en -innovatie ICTRegie kwam hier verandering in. Het bedrijfsleven had zich in 2000 reeds georganiseerd in het Informatie Platform Nederland (IPN).

ICTRegie heeft mee aan de wieg gestaan van het nationale ICT programma FES COMMIT/, dat is gestart in 2011. Binnen FES COMMIT/ werd onderzoek gedaan naar innovatie in ICT en innovatie met ICT (in relatie tot applicatiedomeinen). Daarnaast zijn er verschillende andere grote ICT onderzoeksprogramma's ontstaan, zoals 'Robust design of cyber-physical systems' in 2012.

Voorafgaand aan het onderzoeksprogramma FES COMMIT/ hebben echter ook al diverse ICT gerelateerde programma's gelopen, welke gedurende de periode 2002-2008 zijn gefinancierd vanuit de BSIK middelen (Besluit Subsidies Investeringen Kennisinfrastructuur). Voorbeelden hiervan zijn Multimedian, SmartSurroundings en Embedded Systems.

Maar ook andere ICT onderzoeksprogramma's, zoals ProRISK (Program for Research on Integrated Systems and Circuits) in 2003, hebben bijgedragen aan nationale samenwerking, -kennisontwikkeling en -netwerkvorming op het gebied van ICT.

Commit2Data
Commit2Data (C2D) bouwt voort op deze programma's, de opgebouwde kennis en de nationale netwerken. C2D is een nationaal publiek-privaat onderzoeks- en innovatieprogramma specifiek op het gebied van big data. Big data vormt de grondstof voor artificiële intelligentie.

BIG DATA
"Big data wordt wel de olie van de moderne informatiemaatschappij genoemd. Binnen het onderzoeksprogramma Commit2Data ontwikkelen honderden onderzoekers nieuwe wetenschappelijke methoden en praktische toepassingen van big data-analyse"[19]

Het Commit2Data programma is opgebouwd langs onderzoek, valorisatie en disseminatie. C2D wordt aangestuurd door het team ICT, als onderdeel van de topsector High Tech Systemen en Materialen. Het team ICT heeft een eigen Kennis- en Innovatieagenda[20] ontwikkeld, als onderdeel van het landelijke topsectorenbeleid.

Het C2D onderzoek is georganiseerd langs toepassingsdomeinen (verticals) en kennisgebieden (horizontals). Daarbij worden verschillende deelprogramma's onderkend die worden gekenschetst door het applicatiedomein (verticaal) of een horizontaal kennisdomein (waarbij onderscheid kan worden gemaakt tussen fundamentele kennis, zoals analyse en systemen, en de onderliggende architectuur).

Structuur C2D programma (https://commit2data.nl/themas)

Commit2Data is dusver op het gebied van onderzoek erg succesvol geweest in het organiseren van calls en middelen. Anno 2018 lopen tientallen projecten, waarbij alleen al de Nederlandse organisatie voor Wetenschappelijk Onderzoek (NWO) over de periode 2016-2020 ruim 40 miljoen euro investeert, naast matching vanuit het bedrijfsleven en andere partijen. Voorjaar 2018 participeren reeds meer dan 100 bedrijven en ruim 90 PhD's/postdocs in C2D projecten[21]. Ook heeft C2D meerdere multipliers weten te realiseren, zoals in de call Data2Person, waar onder andere het Ministerie van EZK in mee-investeert.

DATA2PERSON[22]

"De mogelijkheden om op het gebied van gezondheid op grote schaal data van verschillende aard te verzamelen en te gebruiken zijn sterk toegenomen. Big Data & Gezondheid richt zich op het benutten van data van verschillende

aard en uit verschillende bronnen om te komen tot de beste, op het individu toegesneden, leefstijladviezen, preventie, diagnostiek en behandeling.

Een belangrijke ontwikkeling hierbij is de beweging van het algemene naar het individuele gepersonaliseerde aanbod én naar participatie van het individu en haar/zijn omgeving (zorgverleners mantelzorgers, etc.) bij de eigen gezondheid. Grote uitdagingen liggen bij de (automatische) interpretatie van grote hoeveelheden data.

Voor de verwerving en verwerking van big data zijn bovendien de juiste voorzieningen nodig: faciliteiten en processen voor het verantwoord opslaan van data en voor het verzekeren van (toekomstige) toegang, kwaliteit en analyse van data. Een belangrijk aspect hierbij is de gereguleerde toegang tot data waarbij anonimiteit, integriteit en veiligheid van data gewaarborgd is, ook wanneer verschillende databronnen met elkaar gecombineerd worden.

De fragmentatie van data tussen ziekenhuizen, burgers, onderzoeksinstellingen, beleidsorganisaties, industrie en andere partijen in combinatie met verschillen in regelgeving, vormt bijvoorbeeld een potentiele barrière voor het benutten van de potentie van Big Data ten behoeve van gezondheid."

Artificiële intelligentie

Artificiële intelligentie (AI) is een van vijf toekomstbepalende onderwerpen binnen de Kennis- en Innovatieagenda 2018-2021 van het team ICT[23]. Commit2Data kan een belangrijk vehikel zijn voor toekomstig publiek-privaat onderzoek op het gebied van AI.

AI komt sinds 2017 steeds vaker terug in beleidsdocumenten, mede in het verlengde van grootschalige investeringen door buurlanden. In Nederland wordt een landschapskaart ontwikkeld, wat de basis vormt voor toekomstige prioriteiten.

In Nederland is in het voorjaar 2018 ICAI gestart als meerjarig publiek-privaat partnership: Innovation Centre for AI[24]. ICAI heeft samen met Topteam ICT, VNO-NCW, NWO en TNO aan de wieg gestaan van het samenwerkingsverband AINED dat begin november 2018 een rapportage heeft gepubliceerd, met overzicht stand van zaken AI in Nederland en voorstellen voor doelen en acties, als aanzet voor een nationale AI strategie[25].

Internationaal is het van belang actief aansluiting te zoeken bij relevante initiatieven zoals CLAIRE[26] (Confederation of Laboratories for Artificial Intelligence Research in Europe) en ELLIS (European Lab for Learning & Intelligent Systems)[27].

> **THE NEED FOR A EUROPEAN AI SYSTEM[28]**
> *"Deploying AI systems that are not well understood or not carefully designed can have undesired and unplanned effects and can cause real harm. 'If your mortage is being judged by a bank, it is not only staff but also machines that look at your data. And social networks - mostly made in the US - are changing our society and our political system. These risks can be managed by working with people that specialize in this area'. Therefore, there is a need for European AI systems, especially in sensitive areas such as government, public administration, health care and so on."*

Toekomstmuziek?

Met ELLIS is de ambitie een soort CERN[29] voor artificiële intelligentie te ontwikkelen: een fysieke locatie waar toponderzoekers en partners uit bedrijfsleven en maatschappij elkaar ontmoeten en inspireren, ondersteund door een hoogwaardige Europese infrastructuur. Op Europees schaalniveau zijn de ogen eind 2018 gericht op de Europese Commissie die de contouren en bijbehorende middelen voor het nieuwe negende kaderprogramma voor onderzoek bepaalt.

Op nationaal niveau is het kabinet aan zet, waarbij zomer 2018 is ingezet op 'missie-gedreven innovatiebeleid', wat is gericht op economische kansen van een viertal maatschappelijke uitdagingen[30]. Daarnaast wordt ingezet op een aantal sleuteltechnologieën, gerelateerd aan ICT. Voorjaar 2019 moet duidelijk worden of er ook echt toekomstmuziek in zit met een substantiële investeringsbereidheid.

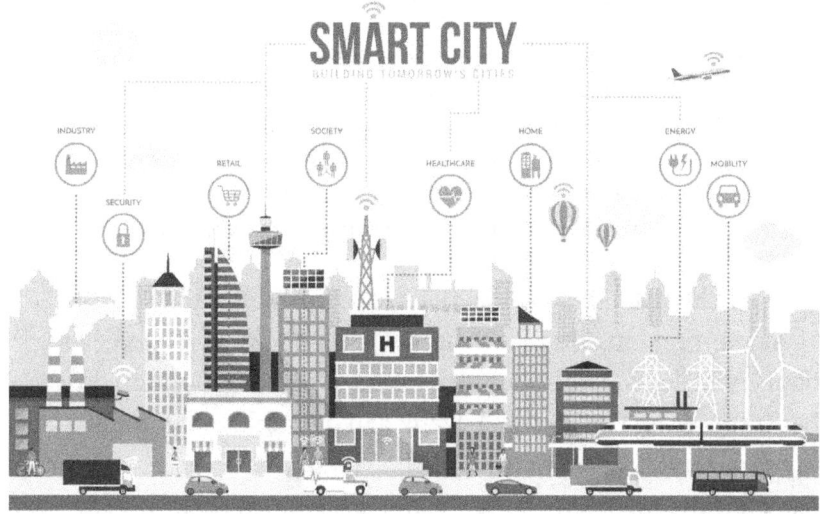

Thema's en toepassingen

Context

Artificiële intelligentie (AI) is een hype, maar wel een blijvende die een enorme impact zal hebben op de maatschappij van morgen. De AI munt heeft echter twee zijden. Aan de ene kant biedt AI een scala van nieuwe mogelijkheden, zoals gepersonaliseerde zorg of onderwijs. De andere kant van de medaille baart zorgen in relatie tot ethische vraagstukken, onder meer omtrent eigenaarschap van data en privacy. Denk aan het sociale rating systeem dat de Chinese overheid heeft geïntroduceerd.

> **CHINA'S SOCIAL CREDIT SYSTEM**[31]
>
> *"Critics of China's social credit system say it is an Orwellian tool of social monitoring and political repression; but the Chinese government says it is a way of boosting administrative efficiency and encouraging trust and moral behaviour by its citizens. People can be blacklisted for transgressions such as smoking on trains, using expired tickets or failing to pay fines, as well as spreading false*

information or causing trouble on flights, according to statements released by
China's National Development and Reform Commission in March.

Citizens with high credit scores can access better hotels, rental homes and even
schools; while those with low credit scores can be temporarily or permanent-
ly banned from taking planes or trains, as happened to 6.15 million people in
2017, on the government's own figures. A pilot version of the scheme run this
year in Hangzhou City reportedly saw citizens with high social credit ratings get
free Zccess to gym facilities and shorter public hospital waiting times."

Naast de komst van social media, waardoor mensen altijd met
elkaar verbonden zijn met behulp van technologie (zoals Facebook), worden steeds meer spullen met elkaar verbonden door
het Internet of Things (IoT). Denk aan de intelligente koelkast
(met camera's!)[32] die bijhoudt tot hoe lang producten houdbaar
zijn en tijdig nieuwe producten kan bestellen als deze bijna op
zijn. Een derde ontwikkeling is die van het met elkaar verbinden
van gebouwen en zelfs hele omgevingen (smart cities), waar bedrijven zoals UN Sense op inspelen[33].

Artificiële intelligentie is een containerbegrip geworden voor
alles wat met digitalisering te maken heeft en intelligent (smart)
wordt.

In dit deel wordt ingegaan op een aantal relevante thema's onder
de noemer van AI: robotica, virtual/augmented reality, taaltechnologie en serious games. Daarnaast worden illustraties gegeven
voor denkbare toepassingen.

De menselijk kant van artificiële intelligentie
Artificiële intelligentie gaat over de ontwikkeling van slimme
algoritmen, gebaseerd op de grondstof big data. Hoe groter en
gerichter de dataset, hoe nauwkeuriger het algoritme werkt.
Enerzijds is het volume essentieel om steeds preciezere uitspra-
ken te kunnen doen. Anderzijds is de richting cruciaal, denk aan
de context waarin een algoritme meer of minder goed werkt.

De menselijke kant van AI is hierbij doorslaggevend: in welke mate zijn (welke groepen van) mensen (in meer of mindere mate) bereid bepaalde technologie in een specifieke context te gebruiken? Daarnaast spelen evident ethische vraagstukken een rol, zoals rond privacy. Het design van AI vormt daarmee een belangrijke spil. Kennis hieromtrent staat vandaag de dag nog in de kinderschoenen.

Deze te ontwikkelen kennis is te vertalen naar een diversiteit van prototypen, producten en diensten. Bij prototypen en producten valt te denken aan de ontwikkeling van een avatar als nieuwslezer of slimme software, zoals eye-tracking in de transportsector. Bij diensten kan bijvoorbeeld worden gedacht aan maatwerk trainingen (professional education) voor organisaties.

ARTIFICIAL INTELLIGENCE
"The global GDP will be up to 14% higher in 2030 as a result of the accelerating development and take-up of Artificial Intelligence - the equivalent of an additional US$15.7 trillion"[34]

	Human in the loop	No human in the loop
Hardwired / specific systems	Assisted Intelligence: AI systems that assist humans in making decisions or taking actions. Hardwired systems that do not learn from their interactions.	Automation
Adaptive Systems	**Augmented Intelligence: AI systems that augment human decision making and continuously learn from their interactions with humans and the environment**	Autonomous Intelligence

Indeling artificiële intelligentie[35]

Artificiële intelligentie kan worden ingedeeld volgens bovenstaand schema naar type systeem en naar al dan niet betrokkenheid van mensen. Daarbij wordt inzichtelijk dat AI enerzijds banen gaat kosten (no-human-in-the-loop), maar anderzijds ook nieuwe banen genereert (human-in-the-loop).

AI thema's
De thema's die hieronder worden beschreven zijn niet uitputtend, maar illustratief voor de relatie tussen AI en de mens. Deze thema's en illustraties van AI toepassingen zijn geïnspireerd op MindLabs in Tilburg[36]: een nieuw ecosysteem op het snijvlak van gedrag en nieuwe technologieën waar onderwijs, onderzoek en ondernemerschap in elkaar overlopen.

Virtual reality en augmented reality
De groeipotentie voor virtual reality (VR) en augmented reality (AR) is substantieel te noemen. Zo heeft de Brabantse Ontwikkelingsmaatschappij (BOM) in 2017 onderzoek gedaan naar virtual- en augmented reality[37]: *"Uit het onderzoek blijkt dat Brabantse ontwikkelaars zich vooral richten op bedrijfsspecifieke VR/AR content voor de Nederlandse markt. Gemiddeld verwachten ze dat hun binnenlandse omzet met 49% zal toenemen, terwijl hun omzetgroei vanuit Europa en de rest van de wereld blijft steken op respectievelijk 21% en 18%".*

Virtual and mixed reality gaat in de kern over de versmelting van de werkelijke wereld met de virtuele wereld; daarbij kan onderscheid worden gemaakt naar virtual reality, augmented reality of mixed reality. Virtual reality kent een scala aan toepassingsdomeinen van educatie tot gezondheidszorg en entertainment tot veiligheid. Bij mixed reality (MR) raken de echte en de virtuele wereld elkaar (zoals met behulp van de Microsoft Hololens). Augmented reality voegt een extra laag of dimensie toe aan de werkelijkheid. Het populaire spel Pokémon Go uit 2016 is hierbij illustratief. De mate waarin een virtuele wereld als 'echt' wordt ervaren is bepalend voor het succes. Dit kan per persoon, situatie en context variëren.

Virtual- en augmented reality zijn breed inzetbaar langs een scala van toepassingsdomeinen, zoals training, onderhoud, assemblage, productie, logistiek, leisure, retail, defensie en zorg. Ter illustratie van zorg als toepassingsdomein verwacht Goldman Sachs (BOM, 2017) dat er wereldwijd een potentieel is van circa 8 miljoen artsen en verpleegkundigen voor toepassingen met VR- en AR-technologie. De verwachting is zelfs dat in 2020 circa 800.000 artsen en verpleegkundigen VR- en AR-technologie gebruiken, een getal dat in 2025 naar verwachting verder oploopt tot 3,4 miljoen (4,5 miljard euro markt in 2025).

GROEI IN VR/AR

"Goldman Sachs heeft drie verschillende prognoses opgesteld van de markt-ontwikkeling van VR/AR. Hierbij worden markten verwacht van respectievelijk euro 20 miljard, euro 70 miljard en euro 160 miljard, waarbij een onderscheid wordt gemaakt naar hardware (infrastructuur) en software (tools & platformen, applicaties & content). Goldman Sachs verwacht dat de volgende negen branches zullen fungeren als aandrijvers van de markt: videogames, live evenementen, video entertainment, zorg, vastgoed, retail, onderwijs, engineering en defensie. Er wordt verwacht dat binnen de branches: videogames, zorg en engineering, de grootste softwaremarkten zullen ontstaan. De omvang van de hardwaremarkt zal ongeveer vertienvoudigen in de periode van 2015 tot 2020. Deze markt zal naar verwachting tussen 2020 en 2021 een explosieve groei doormaken, waardoor de omvang van de hardwaremarkt in de periode van 2020 tot 2025 ongeveer zal stijgen met 460%. Over de toekomstige omvang van de softwaremarkt bestaat wat onduidelijkheid, mede als gevolg van verschillen in gehanteerde definities." (BOM, 2017)

De BOM maakt in haar rapportage echter diverse kanttekeningen bij deze cijfers en de cijfers van andere onderzoeksrapporten, omdat veel informatie ontbreekt en de beschikbare informatie met enige regelmaat tegenstrijdig is. Op basis daarvan heeft de BOM gewerkt met gewogen gemiddelden om toch een plausibel beeld te geven.

Binnen de waardeketen van virtual reality lijken in de relatie met de gebruikers met name kansen te liggen in de ontwikkeling van content. De ontwikkeling van hardware of tools ligt minder voor de hand. Denk bijvoorbeeld aan content en interfaces voor augmented reality ten behoeve van onderhoud of productie. Ook op de 'cross-over' robotica en VR/AR liggen kansen, zoals bij robots waar virtual- en augmented reality op afstand kunnen helpen in de visualisatie van data rond periodieke schoonmaak van apparatuur of machines. Het bedrijf Van Mourik uit Tilburg experimenteert hier al mee in de context van een Europees programma 'Smart Tooling'[38].

Robotica en avatars

Robotica als AI thema gaat in de kern over de interactie tussen mens en robots of 'computational agents'. Deze computational agents kunnen diverse vormen aannemen, variërend van een robot in de zorgsector (als gezelschap voor ouderen) of het onderwijs (als interactieve docent), tot in de journalistiek (als persoonlijke nieuwslezer). Interessant vraagstuk hierbij is bijvoorbeeld in hoeverre een robot of avatar er uit mag zien als een echt mens: *"De 'uncanny valley' is het punt waarop robots eng worden, omdat ze 'net echt' zijn"*[39].

De markt voor robotica is de afgelopen jaren fors gegroeid en de verwachting is dat deze groei doorzet: *"Robotics market grew with 15,4% in 2016 to US$20.9 billion; by 2025 this market can grow to US$73 billion"*[40]. In 2015 heeft de BOM hier een marktverkenning naar uitgevoerd en geconcludeerd dat juist Brabant als hightech provincie uitstekend is gesitueerd voor de robotica markt[41]. Diverse ondernemers zijn ook in opkomende niches gesprongen, zoals Smart Robotics[42], een uitzendbureau voor slimme robots.

"De verwachting is dat de vraag naar industriële robots de komende jaren met gemiddeld 12 procent per jaar groeit. Datbetekent dat de verkoop in vier jaar tijd zal stijgen van 200.000 naar bijna 300.000 exemplaren op jaarbasis. Anders dan de industriële roboticamarkt is de markt voor service robots nog jong en pluriform zonder duidelijke marktleiders. Deze markt is met een waarde van 5,3 miljard dollar vooralsnog een stuk kleiner dan die voor industriële robots, maar gaat de komende jaren exploderen. Dat geldt voor zowel de professionele markt als de consumentenmarkt, die totaal andere kenmerken vertonen. In de afgelopen vijf jaar is door investeringsmaatschappijen een vermogen van in totaal 1,4 miljard dollar geïnvesteerd in deze sector, waarvan alleen al 568 miljoen dollar in 2014.8 In absolute aantallen is de professionele markt met 21.000 service robots relatief klein, maar die robots vertegenwoordigen wel een waarde van maar liefst 3,6 miljard dollar. Dat is meer dan twee keer zoveel als de waarde van de consumentenmarkt, die maar liefst 4,0 miljoen robots telt. Voor de komende drie jaar wordt gerekend op een verzesvoudiging van het aantal professionele service robots en een verachtvoudiging van het aantal robots voor persoonlijk gebruik.

De roboticamarkt zal de komende jaren exponentieel groeien. De groei komt deels voor rekening van de eerste generatie robots die al vanaf de jaren zeventig vanwege hun snelheid, precisie en betrouwbaarheid worden ingezet in fabrieken en magazijnen. Verreweg de grootste groei is echter afkomstig van een nieuwe generatie robots: de servicerobots die mensen kunnen ondersteunen, assisteren en met hen kunnen samenwerken. Met name deze tweede generatie robots biedt kansen voor Nederland, zeker gezien de lage robotdichtheid in vergelijking met andere Europese landen zoals Duitsland, Zweden, Denemarken en België." (BOM, 2015)

In de discussie over in hoeverre robots werk overnemen versus dat robots nieuwe banen creëren is het NRC artikel van 24 oktober 2017 '*Maak kennis met de cobot*'[43] illustratief. In dit artikel wordt aangegeven dat samenwerking tussen mensen en cobots zich steeds verder ontwikkelt. De cobots kunnen het zware werk uit handen nemen, waarbij de mens controleert en toezicht houdt. In Eindhoven wordt hiermee geëxperimenteerd in het programma 'Empowered by robots'.

In de technologische ontwikkelingen van robotica worden vier technologiedomeinen onderscheiden: manipulatie, perceptie, navigatie en cognitie. Manipulatie (eerste generatie robots) is in eerste instantie de focus geweest, vandaag de dag wordt het steeds relevanter om perceptie, navigatie, maar vooral ook cognitie beter te begrijpen en daar slimme algoritmen voor te ontwikkelen (tweede generatie robots).

> **KRUISBESTUIVING WETENSCHAP EN BEDRIJFSLEVEN**
>
> *"Willen we de kansen grijpen, dan zullen onderzoeksinstellingen, bedrijven uit de robotica-industrie en bedrijven uit de verschillende marktdomeinen hun krachten nog meer moeten bundelen. Door kruisbestuiving kunnen we verschillende technologieën met elkaar integreren en verbinden met de marktdomeinen. Alleen dan kunnen we concrete toepassingen ontwikkelen die tegemoet komen aan de problemen uit de markt. Gebruik makend van de financiële middelen die beschikbaar zijn, kunnen we dan de kloof tussen wetenschap en bedrijfsleven dichten." (BOM, 2015)*

Serious games

Serious games betreffen games gericht op (maatschappelijke) toepassingsdomeinen waarbij de games veelal mensen helpen keuzes te maken door situaties te simuleren, zoals in toepassingsgebieden van veiligheid, onderwijs en gezondheid. Denk bij veiligheid aan simulaties voor de brandweer om verschillende situaties te kunnen oefenen, of hoe mensen het beste kunnen worden voorbereid op het uitvoeren van een missie (defensie).

Bij onderwijs kan worden gedacht aan games zoals DuoLingo[44] waarbij een vreemde taal wordt geleerd met behulp van gamification elementen. Hoe kun je verschillende soorten gebruikers motiveren elke dag toch weer een les te doen? In relatie tot gezondheid bestaan reeds vele applicaties om mensen te motiveren om gezond te gaan eten, te stoppen met roken of om meer te gaan bewegen.

De interactie tussen de gebruiker en de technologie hierachter is echter niet altijd optimaal. Er zijn nog veel vragen rondom het succesvol beïnvloeden van menselijk gedrag, voor verschillende doelgroepen en in verschillende contexten. Gamification elementen uit de entertainment games (zoals Angry Birds, Grand Theft Auto, of Minecraft) worden dan ook steeds vaker benut voor serious games toepassingen.

De markt voor (serious) games kent stevige groeicijfers: *"The Serious Game market can grow to US$5.448,82 million in 2020 with an average growth of 16.38% between 2015-2020"*[45]. Het aantal game bedrijven in Nederland specifiek zit ook in de lift en steeg in de periode 2011-2015 met 42% van 320 naar 455 bedrijven en een omzet van 155-215 miljoen euro. Het aantal professionals in de Nederlandse game industrie steeg in dezelfde periode van 2730 naar 3030 werkenden, aldus de Games Monitor 2015 van de Dutch Game Garden[46].

Taaltechnologie
Taaltechnologie beslaat een breed spectrum van technologieën zoals spraakherkenning, spraaksynthese, maar ook andere technologieën zoals het clusteren van teksten en extraheren van inhoud uit teksten. Het lijkt heel vanzelfsprekend hoe we dagelijks al gebruik maken van bijvoorbeeld spraakherkenning via onze smart phones, zoals Siri van Apple, maar hier zit een complexe wereld achter.

De ontwikkeling van taaltechnologie zit in een stroomversnelling[47]. Een bekend voorbeeld is real-time fact checking, zoals bij de Amerikaanse presidentsverkiezingen eind 2016. Taaltechnologie speelt hier een belangrijke rol. Een ander voorbeeld raakt aan het automatisch genereren van nieuws met behulp van taaltechnologie. Hoe betrouwbaar vinden we dat, of onder welke condities achten we dit neutraal nieuws?

De afgelopen jaren ontstaat gestaag steeds meer aandacht voor de menselijke maat in dit verband: zitten mensen wel te wachten op bepaalde (toepassingen van) technologieën, op welke manier en voor welke doelgroepen slaat iets in meer of mindere mate aan? Waarom kan technologie in de ene context wel bruikbaar zijn en in de ander niet, of minder goed?

Ook komen hier ethische vraagstukken bij kijken. Denk aan het bellen van de kapper voor een afspraak, zoals met Google Assistant[48], of het bellen van een restaurant om een tafel te reserveren. Mag een computer zich voordoen als een mens die belt, of moet de computer altijd vermelden dat hij belt namens een mens? En hoe 'menselijk' willen we dat een computer klinkt?

AI toepassingsgebieden

Een range aan nieuwe technologieën valt onder de paraplu van AI. Vanuit bovengenoemde en andere thema's is een breed scala van toepassingsdomeinen denkbaar. Zo wordt geëxperimenteerd met het gebruik van mixed reality voor toepassingen bij autonome schepen. Hiermee kan personeel gericht worden getraind, waardoor risico's beter kunnen worden ingecalculeerd en zelfs afgedekt. Hieronder wordt in diverse toepassingsgebieden het gebruik van AI geïllustreerd.

Logistiek

Op het gebied van gamification heeft het landelijke transportbedrijf Post Kogeko samen met Scania een technisch support programma ontwikkeld waarbij met behulp van gamification concepten een gedragsverandering bij chauffeurs wordt gestimuleerd om duurzamer te rijden.

POST KOGEKO EN SCANIA - TECHNISCH SUPPORT PROGRAMMA
"Het Technisch Support Programma stuurt op verbetering van het rijgedrag van chauffeurs door hen te confronteren met hun eigen rijstijl. Dit lijdt tot een

betere rijstijl. Schades, onderhoudskosten, brandstofverbruik en dus CO_2-uitstoot verminderen hierdoor. Het programma omvat een persoonlijke coaching van chauffeurs via individuele maandrapportages. Die geven de chauffeur een beeld van zijn prestaties. Deze prestaties vergelijken wij met een norm die afhankelijk is van het type vervoer en de gemiddelde rijsnelheid. Aandachtspunten zijn accelereren, gebruik van cruise control, stationair draaien, remgedrag, harde remmingen, hoge toeren en uitrollen."[49]

Verder kan worden gedacht aan virtual reality en augmented reality toepassingen met als doel logistieke stromen in kaart te brengen en verschillende scenario's te simuleren. Op basis daarvan kunnen stromen aan de hand van specifieke parameters worden geoptimaliseerd.

VAN 'PICKING BY VOICE' NAAR 'PICKING BY VISION'

"Albert Heijn is een powerhouse in logistiek. Zij waren de eerste met picking by voice (spraakgestuurde orders, red.) en testen nu picking by vision, een systeem met augmented reality. Met een speciale bril kun je items scannen en bijvoorbeeld zien waar ze in het dc moeten liggen...)"[50]

Een ander voorbeeld raakt aan de zogenaamde cobot ('collaborative robots') waar robots steeds vaker ook gaan 'samenwerken' met mensen.

COLLABORATIVE ROBOTS

"Tijdens de afgelopen LogiMAT in Stuttgart presenteerde Vanderlande een prototype van een piece picking robot. De material handling specialist benadrukt dat het vooral gaat om een cobot die in staat moet worden geacht om met de mens samen te werken"[51]

Gezondheidszorg

De gezondheidszorg is een sector waar de kosten de pan uit rijzen, een (groeiend) personeelstekort bestaat en het aantal zorgbehoevenden de komende jaren alleen nog maar zal stijgen met de verdergaande vergrijzing. In dit domein kan artificiële intel-

ligentie duidelijk waarde toevoegen: van zorgrobots aan het bed
tot (virtuele) simulaties voor zorgpersoneel om te oefenen.

BEVALROBOT VICTORIA[52]

*"De robot die complicaties bij bevallingen kan simuleren krijgt een menselijke
'laag'. Ze kan straks flauwvallen, bloeden, in paniek raken of huilen. Dat is het
'Virtual Humans' Avatar-project waar het Máxima Medisch Centrum in Veldhoven aan meedoet. Victoria bevalt van haar baby, maar dat gaat niet goed.
Ze krijgt een zware bloeding, haar bloeddruk daalt en haar hartslag stijgt.
Victoria wordt bleek, valt bijna flauw en raakt in paniek. De artsen die rond
haar bed staan moeten ingrijpen, en wel direct. Deze scène speelt zich af in
de speciale bevalkamer van het Máxima Medisch Centrum in Veldhoven, waar
ook de échte gecompliceerde bevallingen plaatsvinden. Alleen zijn Victoria
en haar baby geen echte mensen, maar robots. Hier oefenen gynaecologen,
verloskundigen en verpleegkundigen op extreme complicaties die weliswaar
niet zo vaak voorkomen, maar wel levensbedreigend zijn voor moeder en kind.
Met de trainingen leert het medisch team daarop snel en efficiënt te reageren.
Maar hoe realistisch Victoria ook is, het blijft een robot. Dankzij een Europese
subsidie van 7 miljoen euro worden moeder en baby virtueel tot leven gewekt.
Over vier jaar dragen de medici in de kamer een 3D-bril en zien dan een echt
mens op bed liggen. Iemand die bleek wordt bij bloedverlies, waarmee je kan
praten, die reageert en die emoties toont. Zelfs het bloedverlies zelf wordt
zichtbaar."*

Digitale media

In de context van fake news is het gebruik van artificiële intelligentie zeer relevant. Denk aan een avatar als nieuwslezer, maar
ook in het automatisch, maar wel accuraat en betrouwbaar,
genereren van nieuws.

PRAKTIJKGERICHT ONDERZOEK NAAR DE ONTWIKKELING VAN EEN
GEAUTOMATISEERDE NIEUWSREDACTIE[53]

*"Het onderzoek richt zich enerzijds op de ontwikkeling van algoritmes ('ro-
bots') die automatisch teksten produceren en anderzijds op de impact van
deze technologische ontwikkelingen op het nieuwsveld. De impact wordt
onderzocht uit zowel het perspectief van de journalist als nieuwsconsument.*

In nauwe samenwerking met Tilburg University ontwikkelt het lectoraat onder Meer tools die het mogelijk maken om automatisch nieuwsverhalen te vertellen. Het onderzoek wordt binnen een consortium ondersteund door NDP Nieuwsmedia, de branche organisatie voor nieuwsmedia waar onder meer De Persgroep, RTL en ANP bij aangesloten zijn. Een gedeelte van het onderzoek heeft plaats bij de Telegraaf Media Groep. De Vereniging Voor Onderzoeksjournalisten (VVOJ) is betrokken bij de kennisdeling vanuit het project.

Het onderzoek komt voort uit de vakgebieden Media Studies, Media Design en 'Natural Language Processing' - het automatische genereren van taal. De toepassingen uit dit laatste vakgebied in het journalistieke veld nemen een vlucht in Amerika. In het werkveld staat deze ontwikkeling bekend als Automated Journalism of 'robotjournalistiek'. Binnen Nederland en specifiek voor de Nederlandse taal zijn de ontwikkelingen op dit gebied echter nog zeer beperkt."

Januskop

Artificiële intelligentie is een Januskop: het herbergt zowel een gevaar of vloek in zich (denk aan de schaduwkanten van het 'social credit system' in China), alsmede kansen en potentie om bij te dragen aan oplossingen voor grote maatschappelijke vraagstukken. Het ontwerp van de algoritmen die ten grondslag liggen aan de toepassingen is cruciaal om ethische vraagstukken in voldoende mate te borgen. De komende jaren zal blijken in hoeverre Europa hierin een trekkende rol weet te pakken.

DEEL III

TOEKOMSTPERSPECTIEVEN

Deel drie gaat in op een tweetal concrete voorbeelden waar artificiële intelligentie een steeds belangrijkere rol inneemt: simulatie van het menselijke brein en digitalisering en ondernemerschap in onderwijs. Tot slot worden een internationaal perspectief geschetst waarbij de 'sense of urgency' wordt benadrukt om als Europa te handelen en investeren om geen AI kolonie van de VS of China te worden...

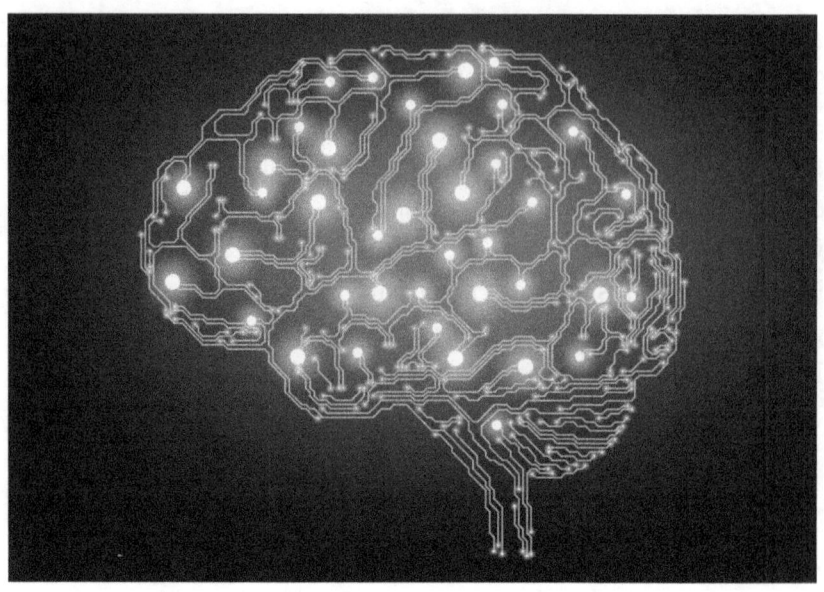

Smart Brains?
Digitalisering in Hersenen & Cognitie

Digitalisering is de afgelopen jaren een sterke disruptieve, maar tevens innovatieve factor van betekenis gebleken. Internetplatforms als Uber en Airbnb die hele bedrijfstakken op de schop hebben gezet. Zo ook biedt digitalisering een versnelling in de ontwikkelingen op het gebied van hersenen, cognitie en gedrag.

Denk aan sterk verbeterde ICT-infrastructuur, zoals MRI scanners, of het koppelen van databases, om meer over de hersenen en cognitie te weten te komen. Een ander voorbeeld zijn feedbackmechanismen (algoritmen) zoals via de smart watch, waar met behulp van big data gedrag wordt beïnvloed om bijvoorbeeld meer te bewegen of gezonde(re) voeding te gebruiken.

Maar de vergezichten reiken nog veel verder. In het NRC van 16 januari 2018[54] wordt bijvoorbeeld gesproken over 'Transhumanisten': mensen die met technologie de grenzen van het mens-zijn opzoeken. Mark O'Connell spreekt in dit verband over de Alcor Life Extension Foundation in Phoenix waar ingevroren lichamen en hoofden worden bewaard *"...voor het geval hun brein op een dag dankzij geavanceerde technologie weer tot leven kan worden gewekt"*.

Gestaag zijn de afgelopen decennia diverse initiatieven ontstaan, veelal met als basis wetenschappelijk onderzoek, wat uiteindelijk zijn weg vindt naar economie en maatschappij. Zo is in 2009 is het ICT-Innovatieplatform Brain & Cognition[55] opgericht dat een nationaal netwerk en ecosysteem heeft ingericht, alsmede een strategische onderzoeksagenda heeft ontwikkeld.

In het verlengde daarvan zijn nieuwe onderzoeksprogramma's en valorisatie initiatieven ontstaan. Het netwerk ICT for Brain, Body, and Behavior[56] (i3B) is zo'n voorbeeld waar kennisinstellingen en bedrijven in samenwerken gericht op de doorontwikkeling van concrete (artificiële intelligentie) toepassingen. Domeinen hier zijn voeding, veiligheid, gezondheid en mobiliteit.

Het ICT-Innovatieplatform Brain & Cognition ressorteerde onder het toenmalige regieorgaan Nationaal Initiatief Hersenen en Cognitie[57], onderdeel van de Nederlandse organisatie voor Wetenschappelijk Onderzoek[58] (NWO). In 2011 is dit initiatief opgegaan in NWO. Een ander NWO gerelateerd platform is Neuroinformatics.

Ook vandaag de dag is dit cross-over thema ICT en Brain & Cognition nog altijd actueel en goed zichtbaar in diverse nationale en Europese programma's. Zo richt het 10-jarige Europese FET flagship project 'Human Brain Project'[59] zich op het simuleren van de hersenen. Op basis van nieuwe kennis en inzichten rond neurowetenschap en informatica kunnen, zowel in de preventieve als curatieve sfeer, (medische) oplossingen worden ontwikkeld voor hersenaandoeningen.

De afgelopen jaren heeft het Healthy Lifestyle Solutions pro-gramma[60] gelopen met projecten rond slaap, stress en ontspan-ning, gezond eten en drinken, en bewegen, waarbij veel kennis is opgedaan over het meten, meekijken en motiveren met behulp van e-coaching. Een van de opvolgers hiervan is het NWO 'Data-2Person programma', gericht op de *"ontwikkeling van effectieve, efficiënte en verantwoorde personal empowerment methodes voor een gezonde samenleving in de toekomst"*[61]: big data wederom als grondstof voor artificiële intelligentie.

Een aanpalende tak van wetenschappelijke sport is neurotechno-logie. Binnen het 'Netherlands Institute for Neurosciences' (NIN) wordt bijvoorbeeld onderzoek gedaan naar zicht en cognitie[62]. De ambitie van deze groep is uiteindelijk zicht te kunnen herstellen van mensen met een oogaandoening met behulp van een visuele prothese in de hersenen. Dit roept overigens ook vragen op over grenzen aan maakbaarheid, naast ethische kwesties.

Op nationaal niveau staat het onderwerp Hersenen, Cognitie en Gedrag ook hoog op de agenda, zoals bij de NWA route Neuro-labNL[63], als onderdeel van de nationale wetenschapsagenda. Kortom, de komende jaren zijn nog veel nieuwe toepassingen te verwachten, juist ook in de relatie met AI, en kunnen de vruchten van dit relevante wetenschappelijke onderzoek worden geplukt.

Tot slot is hier nog een opmerking op zijn plaats: naast het belang van AI voor het veld van hersenen, cognitie en gedrag, zoals in het Human Brain Project, is dit veld minstens zo belangrijk voor de ontwikkeling van AI. Alleen door gedegen kennis en begrip van (het functioneren van) hersenen, cognitie en menselijk ge-drag kan AI zodanig worden ontwikkeld dat dit maximaal aan-sluit op onze behoeften.

Ondernemerschap in digitalisering van onderwijs

Digitalisering in onderwijs is helemaal in, zowel in termen van online learning, als in het gebruik van digitale content, e-tools (zoals VR/AR), en (virtuele) omgevingen. Online learning betreft een hele nieuwe markt voor een scala aan digitale onderwijsmethoden en -toepassingen, gedreven door artificiële intelligentie.

Denk aan de Massive Open Online Courses (MOOCs) en Small Private Online Courses (SPOCs), waarmee studenten van over de hele wereld dezelfde cursussen kunnen volgen, wanneer hen past en op welke locatie zij maar willen. Op basis van big data kan steeds beter maatwerk worden ontwikkeld met behulp van slimme algoritmen: gepersonaliseerd onderwijs.

Dankzij digitalisering neemt vanuit een leven-lang-leren perspectief ook professional education een vlucht. Tegelijkertijd is er steeds meer bewijslast voor het belang van interactie met andere studenten, of professionals, en docenten (coaches) in het eigen maken van leerstof. Dit inzicht leert dat een combinatie van fysieke leeromgevingen, weliswaar optimaal digitaal ondersteund, goed kunnen bestaan naast het brede pallet aan online studiemogelijkheden.

Naast deze nieuwe vormen van concurrentie in het (virtuele) onderwijslandschap ontstaat gestaag ook een markt voor bedrijvigheid in digitale leermiddelen, -methoden en -omgevingen. In Nederland staat deze markt nog in de kinderschoenen. Ook zijn veel initiatieven nog erg op zichzelf en veelal lokaal ontwikkeld. De potentie is echter groot om dit verder op te kunnen schalen.

Enkele interessante voorbeelden van innovatieve bedrijven in digitaal onderwijs zijn Marbelous Minds[64] in Nijmegen en het online leerplatform Knowingo in Breda[65]. Marbelous Minds ontwikkelt 'brain-inspired game-based learning experiences'. Knowingo is een mobiel leerplatform dat zelflerende algoritmen combineert met gamification principes.

Een ander voorbeeld is Kleurrijker[66] in Amersfoort, een uitgever van leermateriaal ten behoeve van inburgering, het leren van de Nederlandse taal (denk aan het inburgeringsexamen en staatsexamen NT2) en het zoeken naar werk. Kleurrijker experimenteert met innovatieve online content, -leermethoden en digitale leeromgevingen.

In de Verenigde Staten zijn het afgelopen decennium al veel nieuwe start-ups gelanceerd op het gebied van digitaal onderwijs. In het hoger onderwijs is de VS al veel verder dan Europa in het omarmen van innovatie en het ondersteunen van ondernemerschap, zeker ook in relatie tot digitalisering.

LearnLaunch[67] in Boston, richt zich op onderwijstechnologie als specifieke markt. LearnLaunch representeert zowel een start-up accelerator voor EdTech start-ups (36 bedrijven in 2 fondsen), een campus (40 start-ups), alsmede een instituut met 650 leden, 250 evenementen, 25 MAPLE districten en 100 MassNET docenten[68].

Door de hele waardeketen heen lijkt het onderwijslandschap met dit netwerk te worden afgedekt. LearnLaunch biedt digitaal leermateriaal, learning management systemen (LMS), assessments, ePortfolios, credentialing (ten behoeven van kwalificaties), datamanagement, en -analyse.

Data management en -analyse is een andere grote groeimarkt in onderwijsland. Arizona State University[69] en Purdue University[70] in de VS zijn sterke voorbeelden van instituten welke maximaal gebruik maken van data analyse in het optimaliseren van gepersonaliseerd leren. Internationaal heeft zich reeds een grote community georganiseerd rond de thema's 'learning, analytics, and knowledge'[71] (LAK), welke elk jaar bijeenkomt op international conferenties.

> **NEXT GENERATION DIGITAL LEARNING ENVIRONMENT**
> *"In partnership with the Bill & Melinda Gates Foundation, EDUCAUSE explored the gaps between current learning management tools and a digital learning environment that could meet the changing needs of higher education. Consultations with more than 70 community thought leaders brought into relief the contours of a next generation digital learning environment (NGDLE). Its principal functional domains are interoperability; personalization; analytics, advising, and learning assessment; collaboration; and accessibility and universal design. Since no single application can deliver in all those domains, we recommend a "Lego" approach to realizing the NGDLE, where NGDLE-conforming components are built that allow individuals and institutions the opportunity to construct learning environments tailored to their requirements and goals."[72]*

Digitalisering in onderwijs zal de komende jaren fors blijven groeien, waarbij vraag en aanbod van en naar gepersonaliseerde content, -tools en -omgevingen elkaar versterken. De VS laten zien dat organisatie en coördinatie op regionaal niveau van belang zijn om ondernemerschap en innovatie in digitalisering van onderwijs te stimuleren.

Nederland is een relatief klein land, maar wel een land met een excellente ICT-infrastructuur. Hier ligt een kans voor overheid, bedrijfsleven, onderwijs- en kennisinstellingen om samen te werken en zo een stap voorwaarts te zetten in digitalisering van onderwijs. Artificiële intelligentie vormt de heilige graal voor gepersonaliseerd onderwijs van de toekomst!

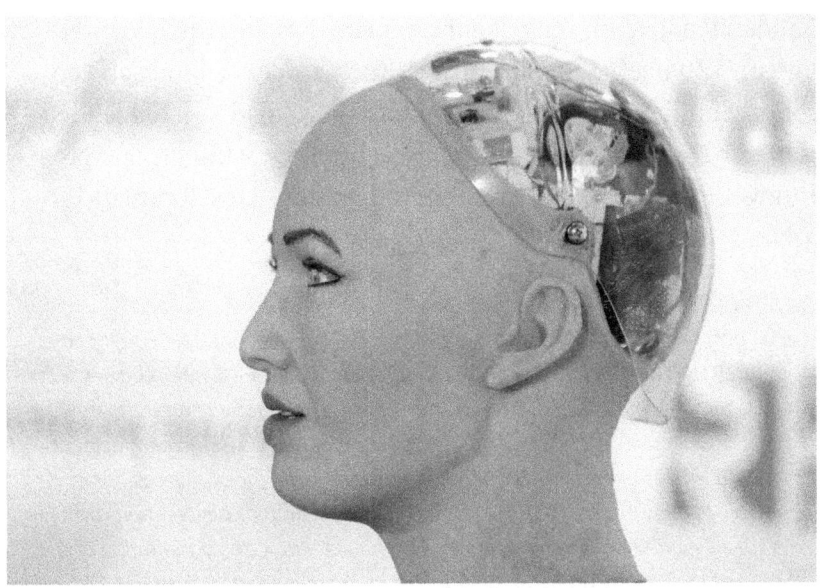

Een internationaal perspectief

Artificiële intelligentie (AI) heeft het afgelopen decennium een
enorme sprong gemaakt. Dat heeft enerzijds te maken met de
exponentieel toegenomen hoeveelheid data, waarmee algoritmen steeds accurater worden en anderzijds met fors toegenomen
computercapaciteit en -rekenkracht. Daarnaast is er sprake van
voortschrijdende technologische ontwikkeling op het gebied van
sociale intelligentie.

Sophia: robot met menselijke trekjes
In 2016 werd de robot Sophia geïntroduceerd. Sophia is uniek
in de zin dat ze sterk op een mens lijkt (gemodelleerd naar de
actrice Audrey Hepburn) en met behulp van nieuwe technologie
levensechte emoties kan nabootsen. Hiermee is Sophia een internationale beroemdheid geworden.

Landen wedijveren met elkaar om primeurs in artificiële intelligentie. Zo heeft Saoedi Arabië in 2007 als eerste land aan een robot (Sophia) het staatsburgerschap toegekend[73]. In datzelfde jaar werd Sophia (als identiteit of technologie?) uitgeroepen tot Innovation Champion in het United Nations Development Program.

SOPHIA[74]

"Sophia was activated on February 14, 2016. The robot, modeled after actress Audrey Hepburn, is known for her human-like appearance and behavior compared to previous robotic variants. According to the manufacturer, David Hanson, Sophia uses artificial intelligence, visual data processing and facial recognition. Sophia also imitates human gestures and facial expressions and is able to answer certain questions and to make simple conversations on predefined topics (e.g. on the weather). Sophia uses voice recognition (speech-to-text) technology from Alphabet Inc.(parent company of Google) and is designed to get smarter over time. Sophia's intelligence software is designed by Hanson Robotics. The AI program analyses conversations and extracts data that allows her to improve responses in the future."

Ondanks deze vooruitgang is er nog een weg te gaan, al komen de wetenschap en technologie steeds dichterbij in het nabootsen van sociale intelligentie. Dat is de grootste uitdaging van robots: de interactie met mensen en het gebruik van emotionele vaardigheden.

Hiertoe is de komende jaren nog veel onderzoek en ontwikkeling benodigd. Mogelijk kan het SoftBank Vision fonds, dat is gericht op investeringen in technologie, hieraan bijdragen. Dit in 2017 opgerichte fonds richt zich onder meer op AI en robotica en heeft bijna 100 miljard dollar in de kas[75].

China en de VS als koplopers

AI CHAMPIONS

"In 2017, the US was the second largest investor in AI companies with 38% of total worldwide AI investment. The US has now been surpassed by China with 48%. In the number of AI companies the US is still in the lead. Based on keyword searches by CB insights, China is also taking over the majority of AI patent applications" (Wouter Roelofs, Holland Innovation Network, San Francisco)[76].

China en VS lopen ver voorop in investeringen in artificiële intelligentie. Hiermee hebben zij ook een voorsprong in de ontwikkeling van slimme toepassingen. Verder wordt het bedrijfsleven steeds invloedrijker, denk aan Apple, Google, Amazon en Facebook in de VS, of Baidu, Alibaba en Tencent in China.

De voorsprong die men in deze landen nu al heeft is moeilijk of bijna niet meer in te halen doordat deze bedrijven reeds uit gigantische big data reservoirs kunnen putten en op basis daarvan hele accurate algoritmen hebben ontwikkeld. Een functioneel en ludiek voorbeeld is dat in China sinds 2016 robots als obers werken bij verschillende restaurants.

ROBOT OBERS[77]

"Chinese restaurants started to replace their workers with robots as early as 2006. Though some have proven pretty incompetent, they're still cheaper than human wait staff — the approximate $1,200 up-front cost per robot is just a couple months' salary for an average server in China (though robot prices vary).

Robot waiters seem to have taken off in China because they're novel and fun, rather than for their efficiency. Many robots in Chinese restaurants appear anthropomorphic and toy-like — The Wall Street Journal writes that the Chinese even refer to their robots as jiqiren(机器人), literally meaning "machine people."

In de VS woedt een ware strijd tussen de grote technologiebedrijven om taaltechnologie: Amazon met Alexa, Apple met
Siri, Google met Google Assistant en Microsoft met Cortana.
Op 9 mei 2018 toonde Google topman Pichai hoever men al was
met spraaktechnologie door te demonstreren hoe een kappers-
afspraak werd gemaakt en de medewerker aan de andere kant
geen idee had dat ze werd gebeld door een spraakcomputer[78].

Hiermee komen natuurlijk direct ethische vraagstukken naar
voren, zoals in het voorbeeld van een spraakcomputer: dient
een robot zich kenbaar te maken als robot? In 2016 werd een top
negen van ethische vraagstukken geadresseerd door het World
Economic Forum[79]: unemployment, inequality, humanity, artificial stupidity, racist robots, security, evil genies, singularity en
robot rights.

Dit zijn typische vraagstukken waar een rol voor overheden ligt
en die niet begrensd worden door een land, maar wereldwijde
aandacht en overleg vergen. Europa kan goed in dat gat springen,
op welke manier normen en waarden dienen te worden meege-
nomen in het ontwerp van AI.

De rol van de overheid in de ontwikkeling van AI kan kaderstel-
lend zijn door middel van wetgeving, bijvoorbeeld in discussies
over eigenaarschap en het (her)gebruik van big data. Denk aan de
FBI in de VS die inzage kan eisen in social media gegevens, alsmede deze data kan combineren met andere data bronnen in het
kader van 'profiling'. Hoe meer data, hoe accurater zaken in kaart
kunnen worden gebracht. Ook voor wat betreft commerciële
doeleinden van bedrijven.

Europa

Op Europees schaalniveau zijn eerste substantiële investeringen aangekondigd in individuele landen, zoals het Verenigd Koninkrijk en Frankrijk. Dit is cruciaal om niet afhankelijk te worden van de VS en China voor wat betreft algoritmen. Algoritmen worden bewust of onbewust ontworpen vanuit een bepaald (veelal cultuur bepaald) perspectief op de werkelijkheid. Denk aan ethische vraagstukken bij het ontwerp van de zelfrijdende auto.

HET TROLLEY DILEMMA[80]

"The trolley problem is a thought experiment in ethics. The general form of the problem is this: You see a runaway trolley moving toward five tied-up (or otherwise incapacitated) people lying on the tracks. You are standing next to a lever that controls a switch. If you pull the lever, the trolley will be redirected onto a side track and the five people on the main track will be saved. However, there is a single person lying on the side track. You have two options: 1. Do nothing and allow the trolley to kill the five people on the main track, or 2. Pull the lever, diverting the trolley onto the side track where it will kill one person. Which is the most ethical option?"

In Nederland staan we, in vergelijking met China en de VS, nog in de kinderschoenen met de ontwikkeling van AI. Begin november is een aanzet voor een nationaal AI plan gepubliceerd door AINED, een samenwerking tussen Topteam ICT, VNO-NCW, ICAI, NWO en TNO[81]. Deze rapportage wordt nu verder uitgewerkt. Op basis hiervan zullen naar verwachting forse investeringen worden gevraagd, waarbij overheid, kennisinstellingen en bedrijfsleven de handen ineen moeten slaan.

Ook op Europees schaalniveau wordt reikhalzend uitgekeken naar aankondigingen in gezamenlijke infrastructuur en onderzoek rond AI. Eerste initiatieven zijn CLAIRE[82]: 'Confederation of Laboratories for Artificial Intelligence Research in Europe' en ELLIS: 'European Lab for Learning & Intelligent Systems'[83]. AI vormt een bedreiging als Europa achterblijft. Door gezamenlijk op te trekken kan AI nog wel eens de gemeenschappelijke noemer worden voor een Verenigd Europa.

Eerste stappen worden hiertoe reeds genomen. Zo vond begin oktober 2018 de World Summit AI plaats in Amsterdam[84]. Medio oktober 2018 werd in Tallinn de Digital Summit[85] georganiseerd waar AI en de handel in data centraal stonden. Het bewustzijn van de relevantie en de potentiële impact groeit, naast een bewustzijn van wat er wereldwijd al gebeurt en wat dat betekent voor de mondiale verhoudingen. Laat 2019 het jaar worden van actie, inclusief de benodigde investeringen, om Europa mee te krijgen in de digitale vaart der volkeren!

> **WORDT EUROPA EEN AI KOLONIE VAN DE VS OF CHINA?[86]**
> *"DeepMind, de grootste Britse AI-belofte, is overgenomen door Google. Microsoft heeft een controlerend belang in het Delftse topinstituut QuTech, dat geavanceerde quantumcomputers ontwikkelt die ook van belang kunnen zijn voor AI. Google en Facebook sponsoren al enkele onderzoeksplekken aan universiteiten. Deze bedrijven en hun concurrenten past nog meer verantwoordelijkheid voor het gezond houden van de universiteiten, ook in hun eigenbelang."*

Over de auteur

Dr. Frits Grotenhuis (1972) werkt sinds 2005 als zelfstandig organisatieadviseur onder de naam Grotenhuis Organisatie-advies bv (http://www.grotenhuisadviseert.nl). Daarvoor was Frits werkzaam in het bedrijfsleven (Philips en KPMG), bij de overheid (provincie Zuid-Holland, Economische Zaken) alsmede in de kenniswereld (TU Eindhoven en Rijksuniversiteit Groningen).

Procesmatig richt Grotenhuis Organisatieadvies bv zich dan ook op deze driehoek van overheden, onderwijs- en kennis-instellingen en ondernemers in de ontwikkeling van publiek-private samenwerking vanuit rollen als kwartiermaker, programmamanager of (interim) directeur in een scala van domeinen. Veelal is digitalisering, of artificiële intelligentie, een rode draad in klantambities.

Typische regionale initiatieven waar Frits betrokkenheid had als kwartiermaker zijn de Maritieme Campus in Den Helder (www.maritimecampus.nl), het MKB cluster ICT for Brain, Body & Behavior in Wageningen (www.i3b.org) en het ecosysteem MindLabs in Tilburg op het gebied van gedrag en nieuwe technologieën (www.mind-labs.nl). Op nationaal niveau was Frits onder meer kwartiermaker en (interim) directeur voor het topconsortium voor kennis en innovatie TKI CLICKNL van de topsector Creatieve Industrie (www.clicknl.nl), maar ook programmamanager voor het NWO thema Hersenen, Cognitie en Gedrag (www.nwo.nl).

Naast zijn adviespraktijk is Frits Grotenhuis actief als auteur en moderator van events, zoals in 2018 bij het outreach event van het Human Brain Project (HBP) in Amsterdam (www.human-brainproject.eu/en/) en de European Creative Industries Summit

(ECIS) in Wenen (ecbnetwork.eu/save-the-date-for-the-8th-european-creative-industries-summit-2018/). Frits is auteur van tientallen (internationale) artikelen en boeken, onder andere over innovatie, kenniseconomie, creatieve industrie, hersenen, cognitie en gedrag, living labs, digitalisering en ambient intelligence.

Contactgegevens
E-mail: frits@grotenhuisadviseert.nl
Linkedin: https://www.linkedin.com/in/fritsgrotenhuis/
Website: www.grotenhuisadviseert.nl

Lijst met afkortingen

AI	Artificiële intelligentie
AINED	AI Nederland
ANP	Algemeen Nederlands Persbureau
AR	Augmented Reality
BOM	Brabantse Ontwikkelings Maatschappij
BSIK	Besluit subsidies investeringen kennisinfrastructuur
CEO	Chief Executive Officer
CERN	Conseil Européen pour la Recherche Nucléaire
CLAIRE	Confederation of Laboratories for Artificial Intelligence
C2D	Commit2Data
CO2	Koolstofdioxide
DNA	Deoxyribonucleic acid
ECIS	European Creative Industries Summit
ELLIS	European Lab for Learning & Intelligent Systems
EZK	Ministerie van Economische Zaken en Klimaat
HBP	Human Brain Project
ICAI	Innovation Center for AI
ICT	Informatie- en Communicatie Technologie
IoT	Internet of Things
IPN	ICT Research Platform Nederland
I3B	ICT for Brain, Body and Behavior
LAK	Learning Analytics Knowledge
LMS	Learning Management System
MKB	Midden- en kleinbedrijf
MOOC	Massive Open Online Courses
MR	Mixed Reality
MRI	Magnetic Resonance Imaging
NGDLE	Next Generation Digital Learning Environment
NIN	Nederlands Herseninstituut

NRC	Nieuwe Rotterdamse Courant
NT2	Staatsexamens Nederlands als tweede taal
NWO	Nederlandse Organisatie voor Wetenschappelijk Onderzoek
ProRISK	Program for Research on Integrated Systems and Circuits
RTL	Radio Télévision Luxembourg
SPOC	Small Private Online Course
TKI	Topconsortium voor Kennis en Innovatie
TNO	Nederlandse Organisatie voor Toegepast Onderzoek
TU	Technische Universiteit
US	United States

Referenties

1   https://en.wikipedia.org/wiki/Blind_men_and_an_elephant

2   http://clevr.net

3   What's the real value of AI for your business and how can you capitalise? PWC, 2017, www.pwc.com/AI

4   https://www.rtlnieuws.nl/technieuws/poetin-land-met-beste-kunstmatige-intelligentie-wordt-wereldheerser

5   Interview David Bremmer met Hans de Jong, President Philips Nederland, in AD, Gebrek aan techneuten bedreigt welvaart, 3 mei 2018

6   http://www.uva.nl/content/nieuws/persberichten/2018/04/lancering-nationaal-innovation-center-for-ai.html?utm

7   http://europa.eu/rapid/press-release_IP-18-3362_nl.htm?utm_source=e-mailnieuwsbrief&utm

8   Galloway, S. (2017). De Vier: Het verborgen DNA van Amazon, Facebook, Google en Apple, Portfolio, USA

9   https://www.nrc.nl/nieuws/2018/09/04/ook-beurs-swaarde-amazon-stijgt-hoven-1-biljoen-dollar-a1615284

10 Hijink, M. (2018). De evangelist die Microsoft liet herrijzen, NRC, donderdag 1 november

11 https://nos.nl/artikel/2257623-apple-onderuit-op-beurs-waarde-onder-de-1-biljoen-dollar.html

12 Hoeck, H. (20118) Alliantie Allai: laat algoritmen niet over aan grote bedrijven, Het Financieele Dagblad, 12 oktober.

13 https://tweakers.net/nieuws/142125/bloomberg-chinese-overheid-houdt-release-alle-games-tegen.html

14 https://www.hpdetijd.nl/2016-02-15/hoe-facebook-een-gewijzigde-relatiestatus-van-ver-ziet-aankomen/

15 https://www.nrc.nl/nieuws/2018/03/18/gegevens-50-miljoen-amerikaanse-facebookgebruikers-gelekt-a1596091

16 https://www.volkskrant.nl/wetenschap/google-voorspelt-nu-ook-griepuitbraak~bfffd4c6/

17 https://www.nrc.nl/nieuws/2018/10/31/de-evangelist-die-microsoft-deed-herrijzen-a2753520

18 https://nos.nl/artikel/2254584-rutte-in-gesprek-met-alibaba-over-europees-distributiecentrum.html

19 I/O magazine, ICT-onderzoek platform Nederland, jaargang 15, juli 2018, nr. 2

20 https://www.dutchdigitaldelta.nl/uploads/pdf/KIA-ICT-2018-2021.pdf

21 PPT presentatie 'Commit2Data: A Status Update', ICT Open, maart 2018

22 https://www.dutchdigitaldelta.nl/big-data/thema/gezondheid

23 Kennis- en Innovatieagenda '18-'21 (team ICT, okt. '17)

24 www.icai.ai

25 https://icai.ai/wp-content/uploads/2018/11/Rapport-AI-voor-Nederland-AINED.pdf

26 https://claire-ai.org

27 www.ellis-open-letter.eu

28 I/O magazine, ICT-onderzoek platform Nederland, jaargang 15, juli 2018, nr. 3

29 https://home.cern

30 https://www.rijksoverheid.nl/documenten/kamerstukken/2018/07/13/kamerbrief-naar-missiegedreven-innovatie-beleid-met-impact

31 https://www.theguardian.com/world/2018/jun/28/chinas-social-credit-system-could-interfere-in-other-nations-sovereignty

32 https://www.nu.nl/gadgets/4192309/samsung-maakt-slimme-koelkast-met-cameras.html

33 http://unsense.com

34 PWC (2017). What's the real value of AI for your business and how can you capitalise?, www.pwc.com/AI

35 http://preview.thenewsmarket.com/Previews/PWC/DocumentAssets/476830.pdf?utm_source=e-mailnieuwsbrief&utm_medium=email&utm_campaign=AW-Tl+e-mail+alert

36 https://www.mind-labs.nl

37 Brabantse Ontwikkelingsmaatschappij (2017). 'VR/AR: Hype of serieuze business?', 6 juni, http://bom.instantmagazine.com/bom-special-issue/vrar-hype-of-serieuze-business/

38 https://www.mourik.com/projectsmarttooling

39 https://www.nrc.nl/nieuws/2016/02/26/zo-echt-dat-het-eng-wordt-1592646-a968729

40 http://loupventures.com/intro-robotics-outlook-2025/, 2 juni 2017

41 Kolfschoten, R en M. Grooten (2015). Robotics: Ondersteunen, Assisteren en Samenwerken. Marktverkenning en mogelijkheden voor Brabant, BOM, maart, https://www.bom.nl/uploads/content/file/Robotics_Marktverkenning_en_mogelijkheden_voor_Brabant.pdf

42 http://smart-robotics.nl

43 Oosterbaan, W. (2017). 'Maak kennis met de cobot', NRC, 24 oktober

44 https://nl-nl.duolingo.com

45 http://www.marketsandmarkets.com/PressReleases/
serious-game.asp

46 Dutch Game Garden (2016). Games Monitor - the
Netherlands 2015, https://www.dutchgamegarden.nl/project/
games-monitor/

47 Deloitte (2017). Technology Industry Outlook 2017, https://
www2.deloitte.com/content/dam/Deloitte/us/Documents/
technology-media-telecommunications/us-tmt-2017-
technology-industry-outlook.pdf

48 https://tweakers.net/nieuws/138405/google-assistant-
kan-bedrijven-bellen-om-voor-gebruiker-afspraak-te-maken.
html

49 http://www.post-kogeko.nl/nl/materieel/innovatie/
technisch-support-programma

50 Walter Ploos van Amstel (2017). Kijk goed naar PICNIC, zij
snappen het, tijdschrift Logistiek, september

51 Tijdschrift Logistiek, september 2017

52 https://www.ed.nl/veldhoven/robot-victoria-komt-tot-
leven-in-veldhoven~a66d7f24b/

53 http://futuremedialab.nl/onderzoekrobotjournalistiek/
automatische-nieuwsredactie/

54 Don, C. (2018). 'Het verlangen een machine te worden',
interview Mark O'Connell, NRC, 16 januari

55 https://www.nwo.nl/actueel/nieuws/2011/hersenonder-
zoek-en-ict--in-combinatie-zit-volop-innovatie.html

56 http://www.i3b.org

57 https://www.hersenenencognitie.nl

58 https://www.nwo.nl

59 https://www.humanbrainproject.eu/en/

60 http://www.stw.nl/nl/programmas/healthy-lifestyle-solutions

61 https://www.nwo.nl/financiering/onze-financierings-
    instrumenten/enw/data2person---big-data--gezondheid/
    data2person---big-data--gezondheid.html

62 https://nin.nl/research/researchgroups/roelfsema-group/

63 https://wetenschapsagenda.nl/route/neurolabnl-de-
    werkplaats-voor-hersen-cognitie-en-gedragsonderzoek/

64 http://www.marbelousminds.com/#xl_xr_page_index

65 https://knowingo.com

66 http://kleurrijker.biedmeer.nl

67 http://learnlaunch.com/about-us/

68 https://www.surf.nl/binaries/content/assets/surf/nl/2017/
    studiereissurflearnlaunch060402017.pdf

69 https://www.asu.edu

70 http://www.purdue.edu

71 http://educ-lak17.educ.sfu.ca

72 Brown, Dehoney, and Millichap (2015). Next Generation
    Digital Learning Environment: a report on research, ED-
    UCAUSE learning initiative, ELI paper, April, https://net.
    educause.edu/ir/library/pdf/eli3035.pdf

73 https://www.independent.co.uk/life-style/gadgets-and-tech/
    news/saudi-arabia-robot-sophia-citizenship-android-
    riyadh-citizen-passport-future-a8021601.html

74 https://en.wikipedia.org/wiki/Sophia_(robot)

75 https://nos.nl/artikel/2174452-93-miljard-dollar-voor-
    investeringen-in-slimme-computers-en-robots.html

76 Rijksdienst voor Ondernemend Nederland (2018). Holland
    Innovation Network Special: Artificial Intelligence, september

77 https://www.businessinsider.com/chinese-restaurant-robot-waiters-2016-7?international=true&r=US&IR=T

78 https://www.youtube.com/watch?v=yv_8dx7g-WA

79 https://www.weforum.org/agenda/2016/10/top-10-ethical-issues-in-artificial-intelligence/

80 https://en.wikipedia.org/wiki/Trolley_problem

81 https://icai.ai/wp-content/uploads/2018/11/Rapport-AI-voor-Nederland-AINED.pdf

82 https://claire-ai.org

83 www.ellis-open-letter.eu

84 https://www.forbes.com/sites/johnwelsheurope/2018/10/10/9-developments-in-ai-that-you-really-need-to-know/#4fcd91a06ea5

85 https://e-estonia.com/tallinn-digital-summit-to-host-top-level-global-debate-on-the-future-of-digital-societies/

86 https://www.nrc.nl/nieuws/2018/08/28/artificiele-intelligentie-nederland-mag-geen-ai-kolonie-worden-van-de-vs-en-china-a1614472